Ulrike Altmann

Potpourris

Grundanleitungen und Geschenkideen

D1983540

FALKEN

Im FALKEN Verlag sind bereits zahlreiche Titel rund um den „Duft" sowie zum Thema „Floristisches Gestalten" erschienen:
„Duftsträuße und Potpourris aus Blumen, Kräutern und Gewürzen selbst komponieren" (Nr. 1239)
„Blumen liebevoll arrangieren" (Nr. 1157)
„Osterschmuck – Neue Ideen für Kränze, Sträuße, Gestecke" (Nr. 5267)
„Duftender Weihnachtsschmuck aus Tonpapier und Potpourris" (Nr. 5254)
„Adventskränze und weihnachtliche Gestecke" (Nr. 5203)

ferner

„Aromatherapie – Gesundheit und Entspannung durch ätherische Öle" (Nr. 1131)

Die Deutsche Bibliothek – CIP-Einheitsaufnahme

Potpourris: Grundanleitungen und Geschenkideen / Ulrike Altmann. – Niedernhausen/Ts.: FALKEN, 1993
(Schönes Hobby)
ISBN 3-8068-5265-0

gedruckt auf chlorfreiem Papier

ISBN 3 8068 5265 0

Umschlaggestaltung: Jürgen Szillat
Titelbild: Michael Zorn, Wiesbaden
Fotos: Michael Zorn, Wiesbaden; außer Seite 8 unten, Seite 18 und 19, TLC Foto-Studio GmbH, Velen-Ramsdorf
Redaktion: Christiane Rückel
Herstellung: proof GmbH, Frankfurt

Satz: Fotosatz Creatype GmbH, Eschborn
Druck und Bindung: Ludwig Auer GmbH, Donauwörth

817 2635 4453 6271

INHALT

Mmmh, wie das duftet! Ein wahres Fest für Schnuppernasen sind die in diesem Band vorgestellten Potpourris. Und nicht nur das – zahlreiche Ideen für Geschenke, wie zum Beispiel Duftsäckchen oder Lavendelkörbchen, laden ebenfalls zum Nacharbeiten ein

KLEINE DUFTKUNDE

BLÜTEN, KRÄUTER UND NADELGRÜN

Duftmischungen können Sie aus den verschiedensten frischen oder getrockneten Blüten, Blättern und Kräutern herstellen. Unter den Gartenblumen eignen sich besonders Rosen, Duftpelargonien, Wicken, Ringelblumen, Phlox, Levkojen oder Pfingstrosen für die Herstellung eines Potpourris, aber auch Maiglöckchen, Flieder, Freesien, Hyazinthen, Jasmin und Lilien verströmen betörende Düfte. Daneben sind aromatische Kräuter, wie beispielsweise Lavendel, Rosmarin, Kamille, Minze oder Eisenkraut, wichtige Bestandteile eines Potpourris.
Wenn Sie von einem Herbstspaziergang Zapfen und Nadeln der Kiefer, der Tanne oder der Zeder und dazu vielleicht noch eine Handvoll roter Beeren mit nach Hause bringen, brauchen Sie auch in der „trüben" Jahreszeit nicht auf würzige Düfte innerhalb der eigenen vier Wände zu verzichten.

Ob Sie ein Potpourri aus frischen Blüten oder eines aus getrockneten herstellen wollen, in jedem Fall können Sie den Duft der verwendeten Pflanzen mit Hilfe von Zusatzstoffen fixieren und intensivieren.
Die gebräuchlichsten Fixiermittel sind Veilchenwurzelpulver und Benzoeharz. Eine duftkonservierende Wirkung haben auch viele pulverisierte Gewürze wie Muskat, Zimt, Gewürznelken oder Anis sowie Gewürzmischungen, die Sie sogar vielleicht schon im Hause haben. Mit ganzen Muskatnüssen, Zimtstangen, Wacholderbeeren oder Sternanis können Sie Ihr trockenes Potpourri zusätzlich verzieren. Getrocknete Orangen- und Zitronenschalen sehen nicht nur sehr dekorativ aus, sie verströmen auch ein intensives Aroma.
Zum Intensivieren des Duftes verwendet man ätherische Öle, die Sie, wie auch die Fixiermittel, in Apotheken, in Naturkosmetik-, in Bio- oder in Parfümläden bekommen. Es gibt synthetische und natürliche Öle. Letztgenannte sind zwar etwas teurer, dafür verflüchtigt sich ihr Duft aber auch nicht so schnell.

FIXIERMITTEL, GEWÜRZE UND ÄTHERISCHE ÖLE

KONSERVIEREN

Einzelne, besonders schöne Blüten konservieren Sie am besten mit Hilfe von Quarz- oder von Vogelsand. Füllen Sie dazu etwas Sand in ein verschließbares Gefäß, betten Sie die Blüten dort hinein, und bedecken Sie sie vorsichtig mit Sand, der ihnen dann nach und nach die Feuchtigkeit entzieht

Kräuter und Blumen, die man für ein trockenes Potpourri verwenden will, müssen zunächst haltbar gemacht, also konserviert werden.
Größere Mengen einzelner Blütenblätter und kleine Knospen können liegend – auf mehreren Lagen Zeitungspapier ausgestreut – an einem warmen Platz trocknen. Man sollte sie erst dann weiterverarbeiten, wenn sie beim Anfassen „knistern", also ganz bestimmt nicht mehr feucht sind, da sie sonst später schimmeln.
Blumensträuße oder -bündel lassen sich hängend gut trocknen. Wählen Sie für dieses Verfahren Blumen aus, die kurz vor der vollen Blüte stehen. Schneiden Sie jeweils die Stielenden mit einem Küchenmesser an, und entfernen Sie die Blätter im unteren Stielbereich. Die so vorbereiteten Blumen können Sie nun zu Sträußen arrangieren. Umwinden Sie die Stengel an einer Stelle mehrfach mit einer Kordel oder besser noch mit einem Gummiband. Da letztgenanntes sich zusammenziehen kann, hält es auch noch die getrockneten, also die „geschrumpften" Stiele fest. Hängen Sie den Strauß mit den Stielen nach oben an einem luftigen, möglichst dunklen Platz auf. Blumensorten wie Hortensien oder fruchttragende Gehölze kann man auch trocknen, indem man sie in eine mit nur wenig Wasser gefüllte Vase an einen warmen Ort stellt. Das Wasser verdunstet allmählich, und die Pflanzen trocknen aus.

Entfernen Sie alle Blätter im unteren Stielbereich

Die Blütenköpfe sollten sich nicht berühren

Eine hübsche Dekoration sind die Sträuße schon während sie trocknen

POTPOURRIS

Potpourris haben in England eine lange Tradition, die man auch heute noch dort pflegt und die sich inzwischen auch bei uns größter Beliebtheit erfreut. Es gibt zwei unterschiedliche Methoden, wie man Potpourris herstellen kann; ich stelle Ihnen beide vor.

GRUND-ANLEITUNG TROCKENES POTPOURRI

Alle verwendeten Blüten, wie hier die der Rose, des Lavendels und der Duftpelargonie, sowie die Blätter oder die Kräuter müssen gut durchgetrocknet sein. Vermengen Sie sie miteinander in einer Schüssel, heben Sie aber ein paar besonders schöne Exemplare zum Dekorieren auf. In einem anderen Gefäß stellen Sie die Gewürz-Fixativ-Mischung her: Für etwa zwei Liter Blüten brauchen Sie je einen Teelöffel (TL) pulverisierten Zimt und Muskat, $^{1}/_{4}$ Teelöffel gemahlenen Koriander sowie zwei Teelöffel Veilchenwurzelpulver. Mischen Sie die Zutaten gut, und fügen Sie tropfenweise eine oder zwei Sorten ätherisches Öl, wie zum Beispiel Rosen- oder Heliothropöl, hinzu. Arbeiten Sie die Mischung vorsichtig unter die getrockneten Blüten, und füllen Sie sie dann in ein verschließbares luftdichtes Gefäß, in welchem das Potpourri etwa vier bis sechs Wochen „durchziehen" muß. Schütteln Sie das Gefäß in dieser Zeit ab und zu. Wenn das Potpourri „reif" ist, füllen Sie es in eine flache Schale oder auf einen Teller und dekorieren es mit den noch übrigen Blüten.

GRUND-ANLEITUNG FEUCHTES POTPOURRI

Ein feuchtes Potpourri ist wesentlich aufwendiger herzustellen als ein trockenes, dafür duftet es aber auch intensiver und länger. Füllen Sie immer abwechselnd je eine Lage stark duftender, leicht angetrockneter Blütenblätter und eine Lage Salz in einen verschließbaren Behälter. Am besten pressen Sie den Inhalt noch mit einem schweren Gegenstand zusammen, verschließen den Behälter und lassen die Blüten-Salz-Mischung etwa zwei Monate ziehen. Rühren Sie sie während dieser Zeit öfters um. Schütten Sie die überschüssige Flüssigkeit dabei jeweils ab, und geben Sie etwas Weinbrand sowie ein wenig braunen Zucker darüber. Nach zwei Monaten können Sie die Mischung wie beim trockenen Potpourri mit Fixativen und mit ätherischen Ölen versehen. Danach sollte sie noch einmal drei Wochen reifen.

Alle getrockneten Blüten und Kräuter gründlich miteinander vermischen

Die Gewürze und das Veilchenwurzelpulver ebenfalls gründlich miteinander vermengen

Das ätherische Öl vorsichtig auf die Gewürzmischung tropfen

Diese dann mit der Blüten-Kräuter-Kombination vermengen

Die fertige Mischung in ein verschließbares Gefäß füllen

Das Potpourri zum Schluß nach Belieben dekorieren

Auf den nächsten Seiten finden Sie eine Fülle von Rezept- und Deko-Ideen für Potpourris rund ums ganze Jahr

ROSEN-POTPOURRI

Zutaten:
3 Tassen Rosenblüten
je 1 Tasse Duftpelargonienblätter und Lavendel
je 2 TL Veilchenwurzel- und Zimtpulver
10 Tropfen Rosenöl
5 Tropfen Heliothropöl

Dieses sommerliche Rosenpotpourri wurde nach einem klassischen Rezept hergestellt. Dazu passend präsentiert sich der edle Porzellanteller mit den aufgemalten Rosenmotiven

Duftnote:
lieblich, süße Blumendüfte mit einem würzig-aromatischen Akzent

LAVENDEL-POTPOURRI

Das auf dieser Seite abgebildete Lavendelpotpourri riecht nicht nur angenehm, sondern es wehrt auch Motten ab. In Duftsäckchen gefüllt, erhält es so einen Platz im Kleiderschrank

Duftnote:
blumig, zart und frisch, wehrt Ungeziefer, wie zum Beispiel Motten, ab

Zutaten:
2 Tassen Lavendelblüten
1/2 Tasse blaue oder violette Blütenblätter, wie zum Beispiel die des Phlox oder die der Kornblume
2 TL Veilchenwurzelpulver
4 Tropfen Lavendelöl

POTPOURRIS IN MUSTERN

Zutaten (kleiner Teller):
2 Tassen (1 Tasse) Kamillenblüten
1/2 Tasse (1 Tasse) Lavendelblüten
1/2 Tasse Phloxblüten
1/2 Tasse Kornblumenblüten
2 TL Veilchenwurzelpulver
je 10 Tropfen Kamille- und Melissenöl
5 Tropfen Lavendelöl
große gelbe Blüten

Ob Kreise, Streifen, Drei- oder Rechtecke: Potpourris kann man auch in Mustern arrangieren. Dafür eignen sich besonders kleine Blüten. Mit großen Blütenköpfen kann man gezielt Akzente setzen

Duftnote:
weich und warm, entspannend, beruhigend und schlaffördernd

RUSTIKALES POTPOURRI

Mit ländlichem Charme präsentiert sich dieses ganz in warmen Gelb- und Orangetönen gehaltene Potpourri. Die gußeiserne Form, in die es gefüllt wurde, unterstreicht seinen ausgesprochen rustikalen Charakter

Duftnote:
herb-würzig, rustikal mit einem frischen Akzent Zitrone

Zutaten:
1 Tasse Rainfarngarbe
1/2 Tasse Ringelblumenblütenblätter
1/2 Tasse Zitronenmelisse
4 TL Veilchenwurzelpulver
je 2 TL gemahlener Zimt und Koriander
6 Tropfen Zitrusöl
Zimtstangen und Ringelblumenblüten zum Dekorieren

POTPOURRI AUS DUFTHÖLZERN

Zutaten:
2 Tassen Duftholzspäne, wie zum Beispiel Sandel-, Rosen- oder Zedernholz
je 1 Tasse Zimtstangenstücke und getrocknete Chilischoten
je 10 Tropfen Sandelholz- und Zitronenöl
5 Tropfen Patschuliöl
2 Muskatnüsse

In ferne Länder entführt der Duft dieses exotischen Potpourris, das hauptsächlich aus aromatischen Hölzern besteht, die aus den roten Gefäßen aus Ton herauszufließen scheinen

Duftnote: sinnlich-betörend, verführerisch, intensiv mit exotischer Schwere

ZITRUS-POTPOURRI

Wie dekorativ lange, in Streifen geschnittene Schalen von Zitrusfrüchten in einem Potpourri aussehen können, sehen Sie hier. Auch getrocknet haben sie noch ein starkes Aroma

Duftnote:
warm, würzig und süß, aromatisch, auch gegen Erkältungskrankheiten

Zutaten:
getrocknete Zitronen-, Mandarinen-, Orangen- und Grapefruitschalen
je 1 Tasse Eukalyptusblätter und Zimtstangenstücke
2 TL Veilchenwurzelpulver
je 1 TL gemahlener Muskat, Koriander und Gewürznelken
4 Tropfen Zitronenöl
2 Tropfen Bergamotteöl
Beeren, Blüten und Gewürze zum Dekorieren

HAGEBUTTEN-POTPOURRI

Zutaten:
2 Tassen frisch gepflückte Hagebutten
je $^{1}/_{2}$ Tasse grüne Rosenblätter, Sternanis und Zimtstangenstücke
1 TL gemahlener Zimt
je 2 Tropfen Rosen- und Lavendelöl
Zierkürbis und Zimtstangenbündel zum Dekorieren

Das Rot der Hagebutten und das Grün der Rosenblätter dominieren bei diesem herbstlichen Potpourri. Verwenden Sie möglichst frische Hagebutten, da getrocknete die Farben verlieren

Duftnote:
dezent, klar, fruchtig, würzig mit einer leicht blumigen Note

WEIHNACHTS-POTPOURRI

Was wäre Weihnachten ohne seinen typischen Duft nach Nadelgrün, nach Gewürzen und nach Orangen? Dieses würzige Potpourri bietet aber auch etwas fürs Auge

Duftnote:
weihnachtlich-würzig, warm, mit einem Hauch Orange und Lavendel

Zutaten:
1 Tasse frische Kiefernnadeln
Lampionblumenkapseln
Rinde, Moose, Zapfen, Nüsse, Sternanis, verschiedene Arten Beeren, zum Beispiel die des Wacholders
in Streifen geschnittene Schale einer Orange
2 TL Veilchenwurzelpulver
je 2–3 Tropfen Kiefern-, Zedern-, Wacholder- und Lavendelöl

NOSTALGIE
je 1 Tasse Rosenknospen, Rosmarin, Thymian, Nelken- und Kamillenblüten
1/4 Tasse Lavendelblüten
2 TL Veilchenwurzelpulver
Zimtstangenstücke
einige Gewürznelken
je 2 Tropfen Rosen- und Zitronenöl

Duftnote:
blumig-leicht, warm-würzig, mit einer frischen Note

ORIENT
je 1 Tasse Rosenblüten- und Pfingstrosenblütenblätter
2 TL Veilchenwurzelpulver
1 TL gemahlener Zimt
10 Tropfen Ylang-Ylang-Öl
je 5 Tropfen Geranien- und Patschuliöl

Duftnote:
schwer, intensiv, exotisch, sinnlich und verführerisch

ROMANTIK
je 1 Tasse rosafarbene Rosen-, Pfingstrosen-, Wicken- und Levkojenblüten
2 TL Veilchenwurzelpulver
je 5 Tropfen Rosen- und Geranienöl
Hortensienblüten oder andere rosafarbene Blütenblätter zum Dekorieren

Duftnote:
weich, sanft und verspielt mit blumig-leichter Frische

SÜSSE FRISCHE
je 1 Tasse Lavendelblüten, Zitronenmelisse und Rosenblütenblätter
in Spiralen geschnittene getrocknete Zitronenschalen
2 TL Veilchenwurzelpulver
6 Tropfen Rosenöl
5 Tropfen Lavendelöl

Duftnote:
zart, lieblich und süß mit zitronig-frischem Akzent

SOMMERTRAUM

je 1 Tasse Rosen-, Phlox-, Wicken- und Nelkenblüten
2 TL Veilchenwurzelpulver
je 1 TL gemahlener Zimt und Gewürznelken
je 5 Tropfen Rosen- und Nelkenöl

Duftnote:
weich, blumig und würzig wie ein Sommerabend

GANZ IN BLAU

je 1 Tasse Heidekraut, blauer Rittersporn- und Lavendelblüten
2 TL Veilchenwurzelpulver
1 TL gemahlener Zimt
8 Tropfen Lavendelöl
2 Tropfen Rosenöl

Duftnote:
herb-würzig – und doch süß mit einem Akzent Zimt

KRÄUTERDÜFTE

je 1 Tasse Lavendelblüten und Rosmarinblätter
in Spiralen geschnittene getrocknete Zitronenschalen
einige Wacholderbeeren und frische Kiefernnadeln
2 TL Veilchenwurzelpulver
5 Tropfen Lavendelöl
4 Tropfen Bergamotteöl

Duftnote:
aromatische Kräuterdüfte mit einer frischen Note

DUFT UM WEISS

je 1 Tasse weiße Flieder-, Holunder- und Rosenblüten sowie Gänseblümchenblüten
einige grüne Rosenblätter
je 2 TL gemahlener Rosmarin und Veilchenwurzelpulver
1 TL Gewürznelken
6 Tropfen Rosenöl
5 Tropfen Fliederöl

Duftnote:
intensiv blumig, üppig, süß mit einer würzigen Note

DUFTSÄCKCHEN

Potpourris können Sie nicht nur in dekorativen Gefäßen präsentieren. Sehr beliebt ist es auch, das Potpourri in ein Stoffsäckchen zu füllen und dieses in den Kleiderschrank oder die Kommode zu legen.

GRUND-ANLEITUNG

Nähanleitung: Für ein Säckchen schneiden Sie ein etwa 16x24 cm großes Stück Stoff zu. Legen Sie es rechts auf rechts zur Hälfte zusammen. Steppen Sie nun die offene Längskante und eine der kurzen Seiten zu. Durch die noch verbleibende Öffnung stülpen Sie den Stoff ganz nach außen. Nun können Sie das Säckchen füllen und mit einem Bändchen zubinden.

Tip: Bei größeren Mengen können Sie auch einen Teil der Füllung gegen Haferflocken oder gegen feine Sägespäne austauschen

Füllung: Als Füllung können Sie natürlich auch einige auf den vorangegangenen Seiten vorgestellten Potpourris wählen. Das klassische Duftsäckchen wird jedoch mit Lavendelblüten (zusätzlich gemahlener Zimt, Veilchenwurzelpulver, einige Tropfen Lavendel- und Rosenöl) gefüllt. Sie können aber auch Mischungen unter aromatherapeutischen Gesichtspunkten kreieren, zum Beispiel eine mit einer beruhigenden Wirkung: zu gleichen Teilen Hopfen, Melisse und Lavendel mit Veilchenwurzelpulver sowie einigen Tropfen Lavendel- und Melissenöl mischen.

Den Stoff zuschneiden und rechts auf rechts zusammenlegen

Zwei Kanten zusteppen und das offene Ende zu einem Viertel umstülpen

Lavendelsäckchen duften nicht nur gut, sie sind auch ein wirksames Mittel gegen Ungeziefer wie Motten

VARIATIONEN ZUM VERSCHENKEN

Wenn Sie ein Duftsäckchen verschenken wollen, soll es natürlich besonders hübsch sein. Oft ist das Muster des Stoffes selbst schon so dekorativ, daß das Säckchen nicht mehr zusätzlich verziert werden muß. Nähen Sie doch zum Beispiel zwei gleich große Duftsäckchen, deren Motive und deren Farben auf dem einen positiv, auf dem anderen negativ aufgedruckt sind. Während einem Hobby-Angler sicher ein Säckchen mit einem Fischmotiv gefällt, freut sich ein Fußballfan wahrscheinlich mehr über eines im „Ball-Design" oder eins in den Farben seiner Lieblingsmannschaft. Wenn Ihre Kinder gerne Duftsäckchen verschenken wollen, können Sie ihnen welche aus weißem Textil nähen, auf die die Kleinen dann mit Stoffmalstiften wie Plusterfarben den Namen des Empfängers oder lustige Motive zeichnen können.

Wer gar nicht nähen kann oder nicht mag, nimmt einfach ein schönes Spitzentaschentuch oder ein Stück Tüll (Durchmesser 30 cm), füllt das Potpourri in die Mitte und bindet die Enden darüber mit einem Band zusammen.

Duftsäckchen, auch Sachets genannt, kann man aus Spitze, aus Seide, aus Taft, aus Moiré, aus Batist oder wie hier aus Baumwolle nähen und beliebig verzieren. Wenn Sie es verschenken wollen, füllen Sie das Duftsäckchen am besten mit der Lieblingsduftmischung desjenigen, der es bekommen soll

Sehr dekorativ sehen gefüllte Duftsäckchen aus Tüll aus, die man an einem Band aufhängen kann

DUFTKISSEN

Kleinere mit Potpourris gefüllte Kissen legt man wie die Säckchen gerne in Kleiderschränke oder in Kommoden – die Wäsche bekommt so einen angenehmen Duft. Wenn Sie ein solches Kissen mit einer beruhigend wirkenden Mischung füllen und es in Ihr Bett legen, sorgt es für einen entspannten Schlaf. Im Badezimmer können Sie Duftkissen zum Beispiel in ein Körbchen legen, in das Sie außerdem noch einige aromatisierte Seifen geben. Größere Duftkissen finden einen passenden Platz auf Sofas oder Sesseln. Oder wie wäre es mit Sitzkissen für den Balkonstuhl oder für die Hollywoodschaukel?

Tips: Nähen Sie nach Bedarf für die Kissen eine Innenhülle. Größere Füllmengen können Sie zur Hälfte mit feinen Sägespänen oder mit Haferflokken „strecken". Verwenden Sie möglichst nur Potpourris mit kleinformatigen Zutaten. Am besten zerkleinern Sie diese zusätzlich vor dem Einfüllen mit dem Mörser

Nähanleitung: Schneiden Sie für ein kleines Duftkissen zwei 10x10 cm große Stoffquadrate zu, für ein größeres zwei 35x35 cm große Stücke. Die Quadrate legen Sie jeweils rechts auf rechts aufeinander und nähen drei Seiten zusammen. Dann wenden Sie das Kissen, füllen es mit der gewählten Duftmischung und nähen die noch offene Seite zu, am besten von Hand und nicht mit der Maschine, damit sich das Kissen zum Waschen leichter wieder öffnen läßt.

Zwei Stoffquadrate aus Baumwolle zuschneiden und rechts auf rechts aufeinanderlegen

Drei Seiten zunähen, das Kissen wenden, und das Potpourri durch die Öffnung einfüllen

Wer geschickt mit Nadel und Faden umgehen kann, sollte auch einmal andere Kissenformen nähen

LAVENDELKÖRBCHEN

Eine alte, fast vergessene Kunst ist das Binden von Lavendelkörbchen, die in den Mittelmeerländern, und hier besonders im provencalischen Süden Frankreichs, eine lange Tradition hat: Die Enden mehrerer langer Lavendelstiele werden um die Blütenrispen gebogen und zusammengebunden, so daß ein „Körbchen" entsteht, in das man noch ein Band flechten kann.

Für ein Körbchen brauchen Sie etwa 20 Lavendelblüten mit Stiel. Direkt unterhalb der Blütenrispen binden Sie sie mit einem dünnen Faden zusammen. Biegen Sie die Stiele nun rundum einzeln nach oben, und binden Sie sie an den Stielenden mit einem weiteren Faden zusammen.

Wenn Sie in das Lavendelkörbchen ein buntes Band einflechten wollen, nehmen Sie eine durch „7" teilbare Anzahl von Stielen, beispielsweise 21, und binden diese ebenfalls unterhalb der Rispen zusammen. Winden Sie das Band an einem Ende nun mehrmals um die Rispen. Die Stiele werden dann wie beschrieben nach oben gebogen und an den Enden zusammengebunden. Das lange, noch freie Bandende ziehen Sie jeweils zwischen den Stielen durch, und zwar immer abwechselnd über und unterhalb einer Gruppe von drei Stielen.

Unterhalb der Rispen werden die Stiele zusammengebunden und einzeln nach oben gebogen

Ziehen Sie das Band abwechselnd über und unter einer Gruppe von drei Stielen durch

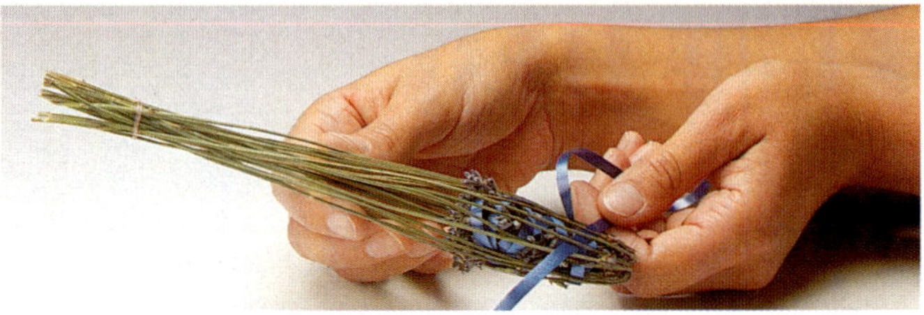

Die getrockneten Lavendelkörbchen werden wie die Duftsäckchen in den Kleiderschrank gehängt

POMANDER

ZITRUS-
FRUCHT-
POMANDER

Pomander sind „natürliche" Duftkugeln, die sich besonders in der Weihnachtszeit großer Beliebtheit erfreuen: Dünnschalige Orangen oder auch andere Zitrusfrüchte werden nach Belieben mit Gewürznelken gespickt. Lassen Sie dabei zwischen zwei Nelken den Abstand einer einzelnen frei, da die Orangen beim Trocknen schrumpfen. Nach dem Einstecken der Gewürznelken wälzen Sie die Früchte jeweils in einer Gewürzmischung (je 1 TL Zimt und Iriswurzelpulver). Danach wickeln Sie sie einzeln in Wachspapier und lassen sie an einem dunklen Ort drei bis vier Wochen „reifen". Pomander zum Aufhängen werden vor dem Bespicken jeweils erst längs, dann quer mit einem Streifen Klebeband umspannt (abziehen, Band anbringen).

Tip: Zum Vorstechen der Löcher für die Nelken eignet sich eine Stricknadel oder auch ein Milchdosenöffner sehr gut

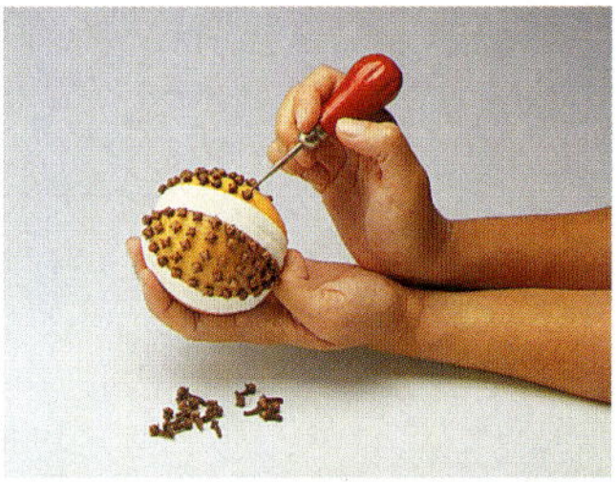

Sie können die Löcher für die Nelken auch mit einem Milchdosenöffner vorstechen

Die Orange in der Gewürzmischung wälzen oder diese darübergeben

Diese beiden Fotos zeigen Ihnen, daß man die Gewürznelken auch...

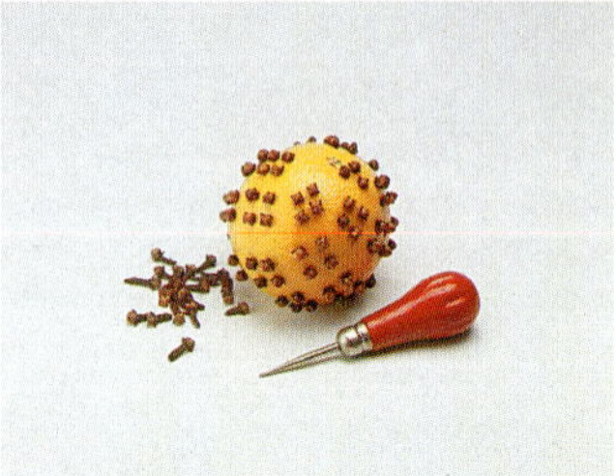

...nach Belieben in Mustern wie Streifen in die Orange spicken kann

Hier wurden einige Pomander zusätzlich mit goldenem Bouillondraht dekorativ umwickelt und gestaltet

BLÜTEN-POMANDER

Neben dem Anfertigen von klassischen Zitrusfruchtpomandern gibt es noch andere Möglichkeiten, Duftkugeln herzustellen. Für die beiden hier vorgestellten Methoden benötigen Sie Styroporkugeln mit einem Durchmesser von etwa sechs bis sieben Zentimetern.

Rosenkugel: Für die intensiv duftende Rosenkugel wurden ganze Rosenknospen, die Sie entweder selbst konservieren oder schon getrocknet kaufen können, mit Veilchenwurzelpulver bestäubt und mit einigen Tropfen Rosenöl aromatisiert. Wichtig ist, daß die Knospen noch über ein kleines Stück Stiel verfügen, damit man sie einstecken kann. Stechen Sie mit einer Stricknadel oder einem dafür geeigneten Werkzeug jeweils für eine Knospe ein Loch in die ausgewählte Styroporkugel, und drücken Sie dort den Stiel hinein. So verfahren Sie, bis die ganze Kugel rundum mit Rosen bedeckt ist. Vergessen Sie nicht, ein Band zum Aufhängen anzubringen. Sollte der Duft nach ein paar Monaten verflogen sein, können Sie ihn mit ein paar Tropfen Rosenöl wieder auffrischen.

Lavendel-Anis-Kugel: Da die Anissterne und die Lavendelblüten aufgeklebt werden, brauchen Sie einen Styroporkleber. Geben Sie jeweils einen Tropfen Klebstoff auf die Rückseite eines Anissterns sowie einen auf die Stelle der Styroporkugel, auf der der Stern angebracht werden soll. Lassen Sie die Tropfen etwas antrocknen, und pressen Sie dann beide Teile aufeinander. Wenn Sie die Kugel rundum mit Anissternen verziert haben, geben Sie auf die noch freien Zwischenräume Klebstoff und drücken dort die Lavendelblüten hinein (Zimtpulver / Lavendelöl dazu).

Tip: Wenn Sie Ihren Blütenpomander aufhängen wollen, können Sie dafür auch einen kleinen Haken oder eine Öse in die Kugel stechen und dort das Ende eines Bandes anknoten

Die Löcher vorstechen, dann die Rosenknospen mit dem Stielende in die Löcher stecken

Die Anissterne mit Klebstoff auf der Kugel befestigen und jeweils fest andrücken

Sie können nach Belieben auch andere Blüten und Gewürze verwenden, wie zum Beispiel hier Kamille